51

Lb 1093.

AF310319

51
Lb 1093.

LA LEÇON

DE JUSTICE, DE PRUDENCE.

—

BRISTOL! LYON!

> L'homme se tait encore : le citoyen se taisait aussi. Tout a son terme : le premier droit qui soulève la pesante main du temps, ouvre une voie large et facile devant tous les autres droits. (*Les prédictions de 1790.*)

BIBLIOTHÈQUE ROYALE

PARIS,

A. PIHAN DELAFOREST,

IMPRIMEUR DE LA COUR DE CASSATION,

RUE DES NOYERS, Nº 37.

1831.

L16 5/ 1093.

En 1830, de même qu'en 1789, les partis politiques inhabiles à se concilier, impuissans à se subjuguer, par le seul art des raisonnemens, ont eu recours à la raison suprême, à la raison des armes.

On s'est fait vainqueur par le peuple et on a été content.

Comme aussi le peuple s'est fait vainqueur à sa part : et il a à se contenter.

Or, en droit, le peuple paraît plus fondé à se plaindre, à s'insurger, étant en peine pour son existence ; au lieu qu'on n'était qu'à la gêne quant à la liberté.

En fait, rien ne résiste à sa force, d'autant qu'elle est aveugle, qu'elle est folle (1830)....

Un seul sentiment, le désespoir, ne calcule rien, ne raisonne jamais : l'évidence du péril a le privilège de l'exalter plus tôt.

Il semble que l'aspect du terme fatal lui porte quelque charme, en annonçant le point de repos ; et il court, il se précipite au-devant.

Ainsi se montrent les émeutes, les révoltes occasionées par la faim.

Donnez donc du travail : donnez donc du pain.

La nécessité parle. Contre ses lois nul motif ne vaut ; devers ses fins, toute voie sied (1830).....

On a mis le peuple en action, on a enflammé ses passions. Et depuis la victoire, le travail le fuit, ou il fuit le travail.

En bloc, en mouvement, le peuple règne. À part, en repos, le peuple souffre.

On le verra souvent se réunir, se remuer.

Royalistes, libéraux, jouez donc à la petite guerre !

Voilà que l'ennemi suprême s'agite, s'avance, et vous écrase sur le même champ de bataille (1831).

« La misère fait mépris de la mort.

« On veut mourir : même, on veut tuer.

« L'homme a été refait au sang ; et le sang jette dans l'ivresse, embrase de furie.

« L'idée ne s'arrête pas devant un torrent, la passion ne se noie que dans un océan, de sang. » (*Les périls du temps*, 1830.)

N'est-ce pas Bristol, Lyon surtout ?

Et Bristol, Lyon, n'ont-il pas ouvert cette ère dès long-temps prédite, l'ère de conflagration, d'extermination.

« Ah ! vous ne savez pas jusqu'où s'emportera cette masse mise en mouvement, poussée par l'exemple, pressée par le besoin ?

« Elle se jettera çà et là ; elle confondra sous sa main de feu, les fortunes et les existences, les mœurs, les arts, les talens : elle dévorera d'un trait, liberté et monarchie, philosophie et religion.

« Enfin, la société sera dissoute : et le chaos offrira toutes les forces nues et isolées, se débattant, se déchirant entre elles. » (*Les prédictions de 1790.*)

Alors le fait suivit l'annonce ; il la devance, ou du moins la dépasse maintenant.

L'ame avait épuisé les terreurs, ce lui semblait : la stupeur succède.

Que de sang coulé ! que de sang perdu plutôt ! On tuait, on était tué sans savoir pourquoi.

Ainsi l'avenir se dévoile.

Tout ce qui a, tout ce qui est, tombe sous l'anathême.

Plus de partis rivaux, hostiles, acharnés.

Rien qu'un parti, qui dévore les autres, qui se dévore lui-même.

Eh bien ! nul ne le voit, ne le sent.

De toute part, on dissimule mal ses joies, on se laisse aller à l'espoir, on tente de tirer profit.

Ne parlons pas de ceux-là, qui, ayant peu à perdre et beaucoup à gagner, pèchent moins en inconséquence.

Mais, que penser de ceux ci? ou plutôt de telles et telles feuilles, qui se disent les organes, qui se font les trompettes d'une opinion respectable à tant de titres ?

Elles parlent, en tant qu'il leur duit, autant qu'il leur vaut : ici, le métier ; ailleurs, le devoir.

Le sentiment, la pensée royaliste n'ont pas d'abonnés.

Et le sentiment se révolte à traverser un fleuve de sang, pour atteindre aux bords fortunés.

Et la pensée frémit à voir se perdre la société, à se voir perdre soi-même, avec ou avant elle.

Le sentiment, la pensée, à les prendre en l'état de calme, se représentent dans ces lignes :

« Qui donc ne verrait pas que de l'abîme des crises sociales, doit jaillir de nécessité, un sceptre de fer, qui comprime et opprime à la fois.

« Qui donc, à l'aspect de cette couronne reforgée au foyer des guerres civiles, sous le feu de la plus ardente mêlée, ne se précipiterait pas au-devant de la jeune tête dévouée, s'écriant :

« Cher prince, gardez-vous ; écartez votre front ; répudiez le diadème embrasé. » (*Des mots vides de sens.*)

« La vague insurrectionnelle ne bouillonnait qu'à la surface, que sous la pellicule du cerveau.

« Ailleurs, l'inertie règne. Le corps même de l'organe, vraie masse de plomb, n'a subi aucune altération. » (*Les nécessités de l'époque*, 1830.)

C'est chose avérée.

L'ame et le sens ont manqué.

D'abord, en ce qu'on a forcé la révolution à contre cœur, à contre sens (1).

Car, l'ayant faite soudainement, on ne sait qu'en faire ; et ne l'ayant pas faite, elle se faisait insensiblement.

Puis, en ce qu'on se laisse forcer par la révolution, sans voir, sans prévoir rien.

Au lieu qu'il y avait à l'achever, à l'arrêter à ce point où entraînait la force du mouvement, d'où s'élevait la force de résistance.

L'ame et le sens ont manqué.

L'ouïe et la vue manquent-elles aussi ? les cris se font-ils entendre ? le feu se laisse-t-il apercevoir ?

---

(1) La chambre a forcé la royauté à se suicider.... a forcé la branche aînée à se précipiter dans l'abîme. (*M. Thiers,* 13 octobre.)

Bristol! Lyon!...... Cela porte-t-il des paroles, porte-t-il des lumières.

Oui, pour le jour même, non pour le lendemain.

D'autant que la peur fut extrême, d'autant la vanité se ravivant au déclin du péril, tente de la dénier, de la démentir.

Si on ne trompe personne, on se trompe soi-même : chose à la fois plus flatteuse et plus périlleuse.

Allez donc, ou plutôt n'allez pas; mettez en panne, arborant le drapeau du triomphe.

Avant peu, les mêmes causes survivant, les mêmes effets surviendront.

Et pour lors, subir, périr, sera la loi.

Qu'y a-t-il à dire, ou plutôt à faire?

Certes, il faut de la force matérielle, seule capable de réprimer (1).

---

(1) Le sang n'efface pas le sang.

Si donc, à l'encontre des espoirs, la résistance se prolongeait, il y aurait à se rappeler ces conseils :

« Autant et plus que la répression active, la répression passive est douée de puissance.

« Est-ce la consommation qui s'insurge? Qu'on ferme l'entrée aux approvisionnemens.

« Est-ce la production? Qu'on condamne la porte des écoulemens.

« Bordeaux lève la bannière.

Il faut aussi de la force morale, seule habile à prévenir.

Mais, où la puiser, où la saisir?

Tout a été interverti ; tous sont pervertis.

Religion et famille, principes et habitudes, hiérarchie sociale, opinion publique : telles étaient ses sources, maintenant taries.

Une nouvelle source ne jaillira que du torrent même qui les a dévorées, du principe de la souveraineté nationale.

« Eh! bien, confinez Bordeaux sous les limites de ses rivières, de ses côtes : et retirez les troupes, rappelez les autorités, rejetez les dépenses.

« Aussitôt Bordeaux tombera aux pieds de la loi. » (*De la loi économique.*)

La Hollande en est là. On s'épuise à prier, on tremble d'agir : et les temps volent, changent, ruinent.

Que ne prend-on la voie du blocus par mer et par terre ?

Elle souffrirait ; elle céderait ; elle indemniserait.

Ce serait interjeter appel devant les intérêts, de l'arrêt rendu par les passions.

De même à Lyon.

Au lieu que l'assaut excite, irrite ; le blocus calme et glace.

Comme il n'y a point à agir, il y a à penser.

Et les remords, les regrets du moins, surgissent d'abord, atteignent peu à peu, pénètrent enfin :

Isolant de jour en jour, les uns des autres, et portant la force où renaît la sagesse, jetant la faiblesse où demeure la furie.

Et cette nouvelle source ne s'épandra que par les canaux largement ouverts, profondément creusés, de la liberté, de l'égalité.

Seulement, il faudra amortir le torrent par des coupures, et resserrer les canaux avec des digues.

Sous le coup récent des nécessités, le système a été ébauché en ces termes.

« Le dogme de la souveraineté du peuple apporte cet imminent danger, que chaque classe est excitée à disputer le pouvoir à telle autre, et de plus, est amenée à le tourner contre la société même.

« Comme aussi, il offre cet avantage éminent, que le remède réside en lui-même, est tiré de lui-même.

« Il n'en résulte que du bien dans sa juste entente : le mal n'en dérive que par l'erreur des sous-entendus.

« C'est au tribunal de la vraie souveraineté, qu'il convient d'appeler des jugemens de la fausse souveraineté.

« C'est au sein de l'opinion générale, qu'il convient de rechercher les moyens de défense contre les agressions de l'opinion partielle.

« Les principes d'égalité et de liberté présentent moins de risques, en ce qu'ils se prêtent mieux à une répartition équitable ; en ce qu'ils sont limités et contenus par les réactions mutuelles.

« Il y a seulement à prévenir la domination politique, que les plus forts ou les plus fins sont tentés d'usurper, à l'aide de leurs droits.

« Il y a encore à provoquer, à protéger l'insurrection morale, qui est prête à s'élever à l'encontre, de la part des faibles de toute sorte.

« Du reste, les principes doivent être appliqués et développés dans toute leur extension possible et légitime, nécessaire et obligatoire.

« Ces mots sont synonymes : ici le droit et le fait s'allient.

« Cependant, le dogme de la souveraineté du peuple, les principes de la liberté, de l'égalité des hommes, émanent de la loi essentielle, aboutissent à la fin capitale.

« Et cette loi, cette fin, sont rendues en un seul mot : l'humanité.

« Loi divine, fin sacrée ! que les lâches cœurs, que les esprits débiles, méconnaissent et méprisent de tout temps.

« Aussi les révolutions se succèdent vainement, soudainement.

« Comme elles se passent à la surface, et ne pénètrent point jusqu'au fond de la société, le vent les pousse l'une sur l'autre.

« Aucune n'est durable, parce qu'aucune n'est légitime ». (*La loi des circonstances*, 1830.)

« Le moment est venu d'aborder , de sonder le point le plus délicat , qui déja a été effleuré ailleurs.

« Le droit a sa légitimité , dont l'ineffable prix tient à ce qu'elle est avérée, incontestée.

« C'est la légitimité native.

« La légitimité acquise existe aussi.

« Le fait a sa légitimité, dont la valeur inférieure tient à ce qu'elle est équivoque, incertaine.

« L'un a sa légitimité toute faite : l'autre a sa légitimité à faire.

« Une pareille fin étant imposée : en y manquant, il se peut que celle-là se perde; en l'accomplissant, il se peut que celle-ci se fonde.

« La même loi d'humanité prédomine : du premier bord, le devoir commande plus que le besoin; du second bord, le besoin oblige plus que le devoir.

« Les mêmes paroles conviennent : tour à tour dictées par la loyauté, par la fatalité; et à peine flattées, aujourd'hui plus qu'hier, d'un rayon d'espérance.

« On ne peut se dissimuler que la légitimité
« n'est pas de première création : car des siècles
« se sont écoulés où il n'y avait pas de rois ; et
« nul ne peut indiquer le lieu, le temps, où l'ins-
« tinct d'humanité, où le sentiment de liberté ,
« où le droit de propriété, n'existaient pas.

« On doit reconnaître qu'il est des légitimités
« radicales, des légitimités de fonds, pour parler
« nettement : par-dessus lesquelles passent et re-
« passent sans les affecter, ces terribles tem-
« pêtes qui bouleversent la surface des sociétés,
« qui anéantissent les formes extérieures. » (*La
péninsule en tutelle*, 1828.)

C'était ainsi que cette révolution, qui, sous
le rapport politique, donne tant à blâmer aux
uns, tant à se plaindre aux autres, offrait sous le
rapport social, une compensation équivalente,
peut-être.

C'était ainsi qu'elle devenait légitime.

Entendons-nous toutefois.

Elle devenait légitime, le fait étant advenu : non
sans demeurer illicite, avant l'avènement ou pendant le travail.

Car la criminalité morale des acteurs est sans
rapport, avec la puissance matérielle de l'acte.

C'est-à-dire, qu'en quelque façon qu'elle éclose
et éclate, la nécessité fait loi.

Quand on omet de prévenir, on est tenu à subir.

C'était ainsi qu'elle devenait possible.

Point essentiel, capital, que la raison prise au-
dessus de tout, que la vanité n'apprécie en rien.

Car, dans le chaos des troubles, des angoisses,
le possible s'élève au rang du nécessaire ; comme
le nécessaire se revêt du titre de légitime.

Or, qu'est-ce que le possible, le nécessaire, le

légitime ? Rien qu'une seule et unique chose, rien que la chose, immuable, suprême.

« Les temps éclos dès l'aurore de la société et mûris à travers tant de phases diverses, sont parvenus à cette époque où la vraie règle sociale est à pratiquer enfin.

« Et c'est la règle de l'humanité, d'où dérivent, où se rapportent les principes de liberté, d'égalité, de souveraineté.

« En d'autres jours, la religion, la morale, la pitié parlaient seules en sa faveur.

« En ce jour, le péril commande.

« Les existences agrandies, en dépit des droits, au détriment des besoins de la masse, ont à compatir envers elles-mêmes.

« Car, au premier choc de cette masse excitée par l'exemple, par le succès, c'en serait fait d'elles.» (*Les périls du temps*, 1850.)

Mais, ni l'éclair qui perce, ni le tonnerre qui gronde, ne frappent.

Il faudra que la foudre porte à la fois, et le conseil et le repentir.

« L'homme n'est plus que cerveau.

Le cœur est remonté dans la tête : le sentiment est étouffé sous l'idée.

« Chez tous les partis, domine quelque système abstrait et par conséquent exclusif.

« Entre tous les systèmes, il y a lutte à outrance : en chaque système, il n'est fait nul état, de la perte, de la ruine des existences.

« Voyez les amis de la religion , les sujets de la légitimité , les cliens de la liberté et de l'égalité.

« Devers ces fins louables en elles-mêmes , les uns et les autres marchent tête baissée , et s'égarent , s'emportent à l'envi.

« Encore leurs fins sont conciliables en un point : encore leurs voies se rallieraient sur une ligne.

« Et, ce point, cette ligne , c'est l'humanité qui la marque, qui la trace.

« L'humanité offre aux hommes un lien mutuel, un but commun.

« Mais, l'humanité est tenue en mépris , ou du moins est laissée en oubli , d'un bord comme de l'autre.

« Personne ne songe à analyser les élémens sensibles de la société, à apprécier l'état des neuf dixièmes de la population.

« Personne n'est affecté à l'aspect du manque des nécessités de la vie, n'est animé du vœu fervent d'y porter remède. » (*Les nécessités de l'époque*, 1830.)

« Il y a pour certaines gens , comme deux mondes, l'idéal, le réel ; que sépare un abîme sans fond , sur lequel il n'est pas même jeté quelque planche.

« Une telle aberration est surtout marquante ,

à l'égard de l'économie politique, attendu que la crasse routine a pour allié, le lâche égoïsme.

« Ainsi, on proclame liberté, égalité, souveraineté ; et on professe opulence, industrie, crédit.

« On se fait fort d'arrêter, d'enchaîner le mouvement de la révolution politique, justement à ce terme où le mécanisme économique n'est pas encore froissé, brisé !

« Folles idées ! Le point d'arrêt pour ceux qui sont en tête, est le point de départ pour ceux qui sont à la queue.

« Qu'on aille donc chercher dans les lymbes, une liberté qui paie, une égalité qui serve, une souveraineté qui se lie.

« Alors que toute autorité a disparu, la raison seule est en voix, en force : seule, elle se fait entendre, obéir.

« Et les peuples ne sont encore aptes à la raison, que sous les limites les plus étroites, les plus variables.

« Qui exige trop, n'obtient rien.

« Le système politique, le système économique, doivent garder le niveau et marcher de front.

« Il n'y a point de révolution à venir, de ceux qui nient le principe, mais bien de ceux qui renient les conséquences. » (*La loi des circonstances*, 1830.)

Ces paroles sont vraies encore : sauf qu'à leur mépris, les temps ont marché à rebours, et ont éloigné des fins, et ont entassé les obstacles, et ont affaibli les moyens.

Certes, ce n'est pas faute d'être revenu à la charge, incessamment, obstinément.

Mais, rien n'atteint cette idée fixe, héritée des jours anciens, cette monomanie passée de ministre à ministre, depuis le premier de Louis XVIII jusqu'au premier de Louis Philippe, et aggravé de plus en plus, lors de chaque mutation.

Les cabinets sont supplantés; les dynasties sont expulsées : en politique, tout change ; en écononomie, rien ne bouge.

Ainsi, l'amortissement est conservé, est presque consacré, ci. . . . . 80,000,000.

Ainsi la liste civile est exagérée, ci. 10,000,000.

Ainsi, la prime coloniale est prolongée, ci. . . . . 30,000,000.

Ainsi, divers impôts sur les cotons, sur les mutations, sur les licences et les mécaniques, sont repoussés, ci, 80,000,000.

Ainsi, l'impôt mobilier sous le mode progressif, et l'impôt foncier avec un fonds de dégrèvement, sont rebutés, ci. . . . . 80,000,000.

280,000,000.

Et comme dans la bourse commune de l'État, il n'y a moyen de décharger ici qu'en rechargeant ailleurs, le système fiscal bien que suranné, reste intact.

Seulement, la peur venant à troubler le cerveau, on réduit la taxe des cabarets de 15 à 10 pour cent.

Sans vouloir entendre ni la leçon donnée d'avance, ni la preuve donnée à présent, que le rabais du débit ne serait pas d'un vingtième.

Sans savoir comprendre qu'avec moins de perte pour le trésor, il y aurait profit pour le commerce, en abolissant les droits de mouvement, et avantage pour la justice, en établissant les taxes *ad valorem*.

Du reste, rien.

On n'a pas même songé aux points qui suivent :

« Les tarifs fixes qui jouent du millième au dixième, entre le riche et le pauvre.

« Les droits fixes sur les boissons du peuple qui grèvent en proportion de la misère.

« Le port des lettres qui intercepte les communications parmi les classes peu aisées.

« Les portes et fenêtres qui contraignent à se priver de l'air et du jour.

« L'impôt mobilier et personnel qui dîme sur l'insuffisance de la vie.

« L'impôt foncier qui pressure le laboureur vivant à peine sur sa récolte.

« La taxe du sel qui pèse surtout dans les campagnes, et frappe en raison inverse des moyens.

« Dont les neuf dixièmes pour l'impôt personnel et l'impôt du sel ; les quatre cinquièmes pour les portes et fenêtres et les boissons communes

sont acquittées par l'immense majorité en nombre ;
par l'immense minorité en fortune, de la population française. » (*La Vérité économique*, 1831.)

Tout au contraire, le personnel, et les portes
et fenêtres ont été établies suivant le mode de
quotité, ont été exercées avec une rigueur
extrême.

Si bien qu'un député a proposé de les rétablir
en impôts de répartition.

Mais ce n'est point cela.

En son essence, le mode de quotité est doué
de taxer tout ce qui est taxable, et même d'opérer sur des bases moins arbitraires.

Seulement, l'exécution pèche.

Les agens du fisc sont en mesure pour exercer
à l'égard des contributions indirectes.

Les gens du pays sont seuls en état d'opérer
au sujet des contributions directes.

Qu'on fasse donc une nation, à partir des villes
et cantons, à passer par les provinces, à aboutir
au royaume.

Mais c'est peu que cela.

Le Globe met dans la bouche des ouvriers de
Lyon, ces paroles remarquables :

« Les négocians ont fait une révolution pour
« eux. Ils en voulaient aux nobles et aux prêtres ;
« ils s'en sont débarrassés : ils voulaient des
« places ; ils en ont obtenu. Ils se sont servis du
« peuple pour faire la révolution, et ensuite ne

« se sont plus occupés de lui. Nous voulons faire
« une révolution pour nous. » (*Le Globe*, 27 novembre.).

Lesquelles ne rendent que le tardif écho des
airs du passé et des conseils de l'avenir, tant de
fois dits et redits.

Certes, la renovation de l'ordre économique
pressait bien autrement que celle de l'ordre politique.

Non-seulement parce que les périls sont infi-
niment plus grands ; mais aussi, en ce que celui-ci
tendait à s'altérer progressivement, au lieu que
celui-là menace d'éclater soudainement.

Bristol, Lyon !..... Quelles crises, quelles
plaies !

Encore, elles ont été ou seront neutralisées,
cicatrisées.

Mais le virus intérieur demeure et travaille ;
tôt ou tard, ici ou là, faisant explosion.

Peut-être même, les remèdes ne seront pas efficaces ; et seulement, adouciront le vice, ajour-
neront le terme.

L'homme ne peut plus, ne doit plus.

L'homme si bref de durée, si frêle en moyens,
à grande peine, s'accorde quelques chances ; jamais, ne se donne des garanties.

N'importe ?

En ce centième, ce millième d'influence, qui
lui est laissé à exercer sur le cours des destinées,

se rencontrent, et tout son devoir ; et tout son espoir.

Ces lignes inspirées par la plus déplorable, la plus formidable catastrophe, ne peuvent que gagner de la force, en prenant appui sur les vues générales qui avaient été publiées, à l'effet de prévenir de pareils désastres.

L'expérience donne foi en la parole.

Qu'est-il donc arrivé?

L'imprudence avait amassé les matières in-flammables : l'impéritie a laissé tomber la fatale étincelle.

Et l'explosion s'est faite : le trône a été brisé en mille éclats.

On profite de la faute : on. ne profite pas de la leçon.

Un tel mouvement fut subit et non fortuit. Il n'y eut de hasard qu'en apparence ; le sort éphé-mère fut pris pour ministre, par l'éternelle fata-lité.

La même cause agissait alors et agit main-tenant.

C'est que l'idée tournait et roulait sur elle-même, inaccessible à l'impression, à l'influence des données réelles.

On façonnait le droit à son escient : on laissait le fait pour mémoire.

On se tenait sur la ligne de l'absolu, qu'il n'ap-partient qu'à l'être suprême de garder immua-blement.

On oubliait que la frêle espèce humaine est condamnée à se mouvoir dans le cercle du rela-tif, du provisoire, du conditionnel.

Il ne reste qu'à déplorer qu'il en ait été ainsi :
il y aurait à déplorer surtout, s'il en était encore
de même.

Tout le présage pourtant.

La peur a ses crises, qui abattent pour l'instant,
qui suscitent la faiblesse.

L'accès passe : et le souvenir s'évanouit en
même temps que le sentiment; le passé manque
à représenter l'avenir.

Personne, ce semble, ne voit se dérouler cet
orbe immense de révolutions progressives, à travers les phases les plus diverses.

Personne ne voit s'ouvrir cette ère naissante
de rénovation sociale, en dépit des efforts de la
résistance, en faveur des espoirs du mouvement.

Le même coup qui a précipité la décadence de
l'ordre ancien, a transmis l'impulsion à l'ordre
nouveau.

Or le coup fut terrible.

Un trône d'abord, deux trônes déja, tous les
trônes peut-être, sont détruits, sont réduits en
poudre.

Et la société était née à leur appel, avait grandi
avec leur aide, vivait sous leur abri.

Si bien qu'à cette heure, elle est en danger de
n'être plus; elle est en travail pour être autrement.

Travail rude et pénible, entravé d'embarras,
entremêlé de périls, encore bien éloigné du terme
final.

Il y a une cité à construire, avec les débris anciens, sur des bases nouvelles.

Mais qui donc entend cela?

On replâtre les formes, au lieu de creuser à fond; on reprend l'œuvre où elle fut laissée; on se remet à la garde des lois qui ont si mal garanti.

Aussitôt installé dans l'édifice, on ne s'aperçoit plus des crevasses dont il est sillonné; on ne s'occupe qu'à s'y pratiquer des logemens à convenance.

Et voilà que la tâche est accomplie : voilà que le jour du repos arrive.

Ceux qui se sentent contens, croient les autres contens : quand au contraire l'envie s'aigrit, la haine s'allume.

La révolution s'est laissé faire par les hommes : les hommes n'ont pas fait la révolution.

Instrumens passifs et passagers du mouvement, ils seront rejetés ou brisés au premier choc.

C'est triste chose que les rois trompés, aient trop oublié leurs peuples.

Enfin les peuples se sont faits rois, et ne s'oublieront pas eux-mêmes.

Pour l'être social, les conditions de vie, les nécessités d'existence, sont de deux sortes, toujours en concurrence, tour à tour en prééminence.

Il y a le principe politique ou idéal, le principe économique ou matériel :

Celui-là qui apparaît à peine, soit dans les pre-
miers jours, soit dans les derniers rangs de la société :

Qui perce avec le temps, à travers les brumes
allégées de l'ignorance et de l'apathie; ou éclate
soudain à la façon de la foudre, du flanc des
orages peu à peu amoncelés dans les régions mi-
toyennes;

Qui se manifeste d'abord en suppliques et com-
plaintes, puis en reproches et menaces; et prend
enfin le ton du commandement.

Celui-ci qui existe seul, à l'origine des choses,
dans la profondeur des masses;

Qui long-temps se laisse mépriser à peu près au
même point, quoique sous un mode différent,
dans les siècles dénommés barbares, et dans les
siècles prétendus libéraux;

Qui en l'un ou l'autre lieu, parfois se soulève,
se révolte; portant le fer et le feu, dévorant les
fortunes, les existences.

Ainsi que l'ont fait voir les ilotes à Sparte,
les esclaves à Rome, les paysans en Europe, les
nègres à Saint-Domingue, les Irlandais et les
Grecs.

Cependant le principe idéal transmet son influence, à raison du développement de l'intelligence humaine, de degré en degré, dans la hiérarchie sociale :

Partant du rang le plus voisin de l'autorité,

passant par les classes intermédiaires, parvenant jusqu'à la masse populaire ;

Et faisant route, à pas lents pendant les périodes de calme et de paix ; à pas rapides dans les crises d'agitation, d'exaltation.

En telle sorte qu'à l'extrémité de sa course, il vient à s'unir, à s'allier au principe matériel : et qu'ainsi la force absolue se trouve douée de la conscience de ses besoins, de la connaissance de ses moyens.

Epoque sinistre au plus haut degré, attendu que l'emploi des moyens opéré à l'aveugle, développé à l'excès, nuit plutôt qu'il ne sert, au contentement des besoins.

Ce n'était rien que la révolte des classes opprimées ou asservies, aux temps de barbarie et de tyrannie ;

L'esprit vivifiant manquait aux masses soulevées : les armes se montraient capables de réprimer l'action, autant qu'elles se trouvent impuissantes à refouler la pensée.

Maintenant, il y aurait plus d'entente dans le mouvement, plus de tendance au ralliement, de manière à propager, à prolonger la crise.

Maintenant, l'insurrection subalterne, d'autant plus indomptable, s'emparerait des insignes de la justice, se revêtirait des titres du droit, d'après les erremens de l'insurrection supérieure.

La force physique, la force morale ainsi ral-

liées, se soutiendraient mutuellement, surmonte-
raient toutes les résistances.

La marche progressive de la population est
trop rapide dans l'ordre naturel et libre.

Le sol manque d'étendue ou le travail manque
d'activité, au point de se tenir au niveau.

Souvent les irruptions, les émigrations en ont
apporté des preuves manifestes.

Plus souvent la guerre, la famine, la maladie,
en arrêtant la cause, ont prévenu les effets.

Justement, depuis que ces remèdes ne sont plus
efficaces, un nouveau vice s'est introduit.

Tandis que les peuples s'accroissaient en nombre, l'industrie s'est attachée à réduire les emplois.

Les machines sont venues en concurrence avec
les bras : et le travail faillit aux demandes.

Cependant, en quelque façon qu'il s'opère,
l'excès de population détermine l'un ou l'autre de
ces résultats :

Si l'autorité est despotique, la misère patiem-
ment subie, décime les classes laborieuses :

Soit que les adultes languissent et périssent
avant l'âge ; soit que les enfans ne mordent pas à
la vie.

Mais si l'autorité est faible ou nulle, alors le
sentiment du besoin soulève les peuples, suscite
les émeutes, les révolutions ;

Soit que des chefs surgissent de leur sein ; soit que des meneurs étrangers les dominent.

Et l'esprit n'en conçoit la fin qu'à l'époque où les massacres réactifs auront rétabli le niveau :

Non sans se rendre compte que cette époque, cette fin, sont lointaines, sont même incertaines à atteindre.

Car, à travers les troubles, les désordres, le travail se réduit en somme, plus vite que l'ouvrier ne diminue en nombre.

Si bien que le terme final est reculé jusqu'au point du retour à la barbarie.

Tel est l'état dans lequel l'Europe est déja entrée en partie, entrera bientôt en totalité.

La cause est commune, est générale ; sauf quelques atténuations ou aggravations accidentelles.

Malheur donc à qui ne voit dans les crises du siècle, que des symptômes essentiels de liberté et d'égalité !

Ce sont vains mots pour ceux qui marchent sous le drapeau, comme pour ceux qui le tiennent en main.

Ici, le pouvoir ; là, le besoin : voilà les vrais stimulans.

Seulement l'instinct du besoin, jusqu'alors comprimé, s'est dilaté et développé au souffle de la liberté.

Il s'est transformé en un sentiment impérieux ;

Et les lumières, comme on est convenu de les

appeler, s'étant insinuées dans les esprits, amè-
nent l'appréciation des droits respectifs ;

Par suite de quoi, la comparaison est faite entre les diverses situations de la société.

Et la mise en action, survenue par l'effet des
provocations, procure la connaissance des forces
réciproques.

Au sujet de quoi, nulle comparaison n'est à
faire entre les heureux et les malheureux de la
terre.

Ces fermens ont à agir :

D'abord sur la classe ouvrière, entassée dans
les fabriques, abrutie par le métier, perdue de
principes et de mœurs, gâtée par l'exemple et la
lecture ;

Ensuite sur la classe campagnarde, mal logée
et mal nourrie, née dans l'ignorance et vivant
dans la défiance, induite et égarée par le trans-
port insolite des propriétés.

Folles gens ! ils jouaient entre eux à la liberté,
ou plutôt à l'autorité, avec des sophismes, ou
des principes, ou même des dogmes.

Voilà que la vanité, l'ambition, la vengeance
se sont échauffées au jeu ; et des partenaires ont
été appelés, qui raviront la double mise.

« A la nouvelle des évènemens de Paris, une
« fausse idée de liberté a soufflé aux paysans, des
« prétentions illimitées. » (*The Courrier.*)

« Les laboureurs en sont venus à croire que
« l'inégale division de la propriété était la cause
« de leur misère.

« Les personnes aisées ne sont plus vues qu'a-
« vec horreur, comme ayant ravi les produits du
« travail d'autrui. » (*The Observer.*)

« Au moins l'aristocratie laissait au peuple la
« jouissance de la liberté, et ne le tourmentait
« pas avec des restrictions vexatoires.

« Maintenant les classes laborieuses ont été
« graduellement maltraitées, méprisées et con-
« damnées au dénuement, au désespoir. » (*Mor-
ning Chronicle.*)

« Depuis un demi-siècle, la tendance du gou-
« vernement a été de faire l'homme riche, plus
« opulent encore, et l'homme pauvre de plus en
« plus misérable.

« Un vide immense a été creusé entre les ex-
« trêmes de la hiérarchie sociale; toute sympathie
« s'est éteinte entre ceux qui ont du bien et ceux
« qui n'ont que leurs bras. » (*The Times.*)
Les causes et les effets sont rendus en ce peu de
mots.

Du plus au moins, ces causes se retrouvent; et
de jour à autre, ces effets se manifestent dans le
vieux monde.

Les pillages de la Hongrie et de la Westphalie,
les périls imminens de la Belgique, les révoltes
contre l'impôt en France, sont de même sorte.

La force est telle, qu'on lui cède de toute part.

En France, le meilleur des impôts, le seul impôt qui n'atténue ni les emplois, ni les valeurs, est diminué.

En Angleterre, le propriétaire abaisse le prix des baux, le fermier élève les salaires, le ministre abandonne les dîmes.

La force fait la loi : au lieu que la force devrait être à la loi.

La loi a eu tort : en sorte que le droit est passé de l'autre bord.

Or ce ne serait point une révolution, une rénovation ; mais bien une subversion radicale.

Sur une ligne parallèle, s'est opérée la marche progressive de l'intelligence et du dénuement.

Sous le même orbite, se rencontrent les phases opposées de l'indépendance en droit, et de l'asservissement en fait.

L'homme a été instruit à raisonner ce qu'il sent : il a été invité à repousser ce qui le choque.

La lumière lui montre les causes de ses maux.

La loi déclare ses titres, reconnaît ses forces,

Jamais l'oppression matérielle n'a été entretenue, qu'au moyen de la compression morale.

Les erremens étaient conséquens autrefois.

S'il y avait de l'inégalité entre les existences, aussi il semblait y avoir de la disparité dans la naissance.

Une routine immémoriale constatait la démarcation des classes : leurs membres étaient censé n'être pas de même nature.

Il devait peu choquer que les situations de la vie fussent analogues aux conditions de l'être.

Maintenant que les bases se sont abîmées, l'édifice ne repose sur rien.

La déclaration des droits a passé le niveau.

Comment la doctrine ne tournerait-elle pas en pratique ? comment le droit n'aboutirait-il pas au fait ?

« Justement, la liberté est d'autant plus prônée à l'époque même, où la dégénération morale s'oppose à ce qu'elle soit comprise en son vrai sens, où la civilisation matérielle exige qu'elle soit contenue sous des limites étroites.

« Il y a une démarcation tranchante, une solution de continuité, pour ainsi dire, entre la classe mitoyenne qui se sent tourmentée de la faim-valle de liberté, et les classes inférieures que tenterait aussitôt le festin qu'elle se serait préparé ; auxquelles la force ne manque pas pour en faire leur proie.

« Il y a une tendance illimitée, exagérée de l'industrie, dont le caractère essentiel est de monopoliser en peu de mains, la fabrique maintenant manœuvrée par des mécaniques ; et par conséquent, de créer une nation d'ilotes, une race de serfs qui, abrutie et appauvrie à la fois, au premier instant de détresse, se révolte contre ses maîtres, à défaut d'une autorité énergique.

(31)

« D'où les vrais amis de la liberté sont empressés à resserrer son domaine, dans la crainte qu'il ne soit envahi ; au lieu que les faux amis de la liberté aspirent à étendre ses conquêtes, que doit dévorer l'anarchie, l'oligarchie ou la tyrannie. » (*Du Dénouement de la crise*, décembre 1829.)

Il y a deux ans, il y a deux siècles, ces paroles tombaient de la plume, tombaient à terre.

De loin, on n'a pas conçu les périls ; de près, on ne les comprend pas.

Sans s'en douter, on a fait le mal ; on s'étonne que le mal soit fait.

Les remèdes ne s'offrent pas à ceux qui ont amené les causes.

L'esprit manquait ; le cœur manque. La foudre advenant à l'improviste, abat, écrase.

Vraiment, nous sommes à la veille du moment suprême.

Ce ne serait plus une révolution, dans le sens banal de ce mot.

Ce serait la subversion, la dissolution de la société.

Donnez donc du travail, donnez donc du pain.

Le pouvoir court les rues ; la loi est sur le pavé.

Là vivent nos maîtres : le cabinet et la chambre sont à leur merci.

Un coup de fusil, une goutte de sang suffit.

Ce n'était rien que 1792, 1793, 1794.

D'abord la population est accrue hors de rapport avec la production.

Puis la population industrielle est augmentée
en proportion relative.

Surtout les masses n'ont ni foi ni loi ; les masses
sont sans guides, sans chefs, sont sans règle ni
mesure.

Au lieu qu'alors, le despo.... n.e anarchique les
tenait sous la main, les dirigeait à volonté.

Le Temps dit tout en peu de mots.

« A ces ouvriers donnez du travail à tout prix...
« Contre ces vagabonds, sachez vous servir des
« lois....quant aux malfaiteurs, faites-en justice....
« attaquez-vous surtout aux meneurs.... osez si-
« gnaler les excitateurs. » (1er mars.)

Seulement, il omet de parler de la mesure la
plus efficace, de la restriction des pouvoirs arti-
ficiels du travail.

Par malheur, les esprits restent imprégnés des
vapeurs de l'ancienne atmosphère, alors qu'elle
s'est évanouie, et qu'une autre nous entoure.

On ne voit pas assez que la révolution politique,
commande une révolution économique, menace
d'une révolution sociale.

Ici, c'était hier, ailleurs, ce sera demain, que
doit éclater la lutte, entre ceux qui ont et ceux
qui n'ont pas, entre les héritiers du travail et les
artisans du travail.

Lutte interminable, car, par suite de ses actes, ceux qui n'ont pas manquent plus encore, et ceux qui ont, perdent de plus en plus.

Lutte intolérable, car les agresseurs ne triomphent qu'après avoir massacré, ne triomphent que pour se massacrer entr'eux.

Que dire de la cause première? Le siècle a exagéré l'industrie, a concentré la fabrique, a amoncelé les populations : ignorant que l'excès porte son terme, que le temps nourrit les crises.

Puis, le siècle devenu, ce semble, tout matériel, se retourne soudain, se retrouve tout-à-fait idéal : ignorant que la liberté tendrait à insurger les masses, à dissoudre la société.

La population industrielle est privée de jugement, au même point qu'elle est pourvue de puissance.

Et l'oisiveté n'a point de repos; la misère n'a point de règle.

Qu'on parle honneur et devoir, qu'on parle même intérêt : un hourra unanime répond.

Les périls doivent être tournés et non affrontés.

Point de lésinerie; l'argent ne vaut pas le sang : l'argent renaît du sol, où s'enfouit le sang.

La nationalité est à créer.

A cet égard, la révolution s'est cruellement méprise. Elle a brisé les corps, les a réduits en parcelles; et l'égoïsme s'en est saisi, s'y est confiné.

L'incohérence, l'indépendance des individus

sont telles, que la plus forte somme d'autorité pourrait à peine maintenir l'ordre.

L'autorité a cessé, l'ordre s'est évanoui.

Il faut que les classes menacées d'un péril commun se soumettent aux charges de la défense commune ; qu'elles subviennent suivant un mode d'impôt progressif, aux frais d'allégement et de soulagement des classes misérables.

Voilà que les excitenses, vraiment débauchées, ont été ramassées de bord et d'autre et entassées sur quelque point.

Le nombre des ouvriers qui excède l'emploi, qui est expulsé du marché, reste sur le pavé, s'attroupe dans les rues ; et pour gagner autrement son pain, ne craint point de vendre sa vie.

Or, la fourniture du travail est le premier devoir, le premier besoin de l'Etat.

La population requiert plus de soin que la production : le travail est plus à considérer que le prix.

Supposez qu'une immense commandite ou qu'un insolent monopole, possède toute la fabrique de France.

Trois millions d'ouvriers appartiennent à la compagnie, au même titre que la compagnie leur appartient.

Le besoin et le profit, le travail et l'emploi sont en alliance.

Mais la foudre est tombée, a consumé l'emploi en forte partie : et le travail toujours tenu en balance, se voit réduit dans la même proportion.

Un million d'hommes reste en proie aux angoisses du besoin, en butte aux tentations du crime.

La commandite ne prendra-t-elle pas peur?

La commandite ne sera-t-elle pas tentée de sacrifier une prime, à l'effet de garantir le capital?

Elle opérait à l'aide des mécaniques : il convient d'en ralentir la manœuvre.

Telle est la loi; car la commandite n'est autre que la société même.

Les grands maux appellent les grands remèdes.

Nous sommes loin encore, de ces moyens de réquisition, d'emprunt forcé, de *maximum*; dont, malgré ce qu'en pense le vulgaire, il faut dire que le dernier surtout, eu égard à l'état des choses, a préservé ceux qui avaient, d'être dépouillés, d'être déchirés par ceux qui n'avaient pas.

POST-SCRIPTUM,

Lyon se calme : l'ordre renaît , ce semble,

Qui a frémi, doit rendre des actions de grace,

Qui a déploré, doit retenir, réserver ses larmes,

Au loin, ceux qui sont demeurés sourds aux terreurs, mornes aux douleurs.

Arrière, ceux qui ont imaginé de faire sortir d'une crise sociale, quelque révolution politique.

L'ordre renaît.

Cela porte la preuve, qu'il existe une force virtuelle de conservation, et qu'il se rencontre des obstacles matériels, aux perturbations.

Cela porte la leçon d'une part et l'espoir de l'autre, au sujet du renouvellement de la catastrophe.

Toutefois qu'on prenne garde : qu'on ne s'abandonne pas à l'espoir, en délaissant la leçon.

Hélas ! Lyon saigne encore, brûle encore.

Et partout, ici comme là, les victimes humaines, à peine enfouies dans la terre, sont sorties de la mémoire.

Il est parlé encore des ravages, des pillages; on pense déja à la misère future. Et ce n'est pas à tort.

Mais, ce massacre entre frères, ce carnage dans les rues, cette boucherie de quarante-huit heures ! ! ! ! ! même le nombre des tués, l'état des blessés ! ! !

Il n'en est point fait mention; il n'y est plus fait attention.

Vraiment, l'homme a été refait au sang : tantôt en mouvement, le sang ne coûte point ; tantôt dans le repos, le
sang ne compte plus.

Présages trop sinistres , trop funèbres !

Ils disent à la fois, et que la même catastrophe aura
lieu, l'occasion advenant ; et que les mesures tendantes à
prévenir l'occasion, n'auront pas lieu.

Autrement, que l'ordre ne s'implantera que sur un
monceau de cadavres, que l'ordre ne se consolidera que
sous le sabre menaçant, sous la hache imminente.

Et vienne quiconque, dire lequel des partis maintenant contendans, existera alors, dominera enfin !

Voyez plutôt comment le pouvoir (si un de ses organes est fidèle) n'a rien appris, et ne sent rien, ou ne
se souvient de rien.

La presse cette fois unanime', ne cesse de répéter, que
le salaire du travail ne pouvant être augmenté, les dépenses de la vie doivent être diminuées, au moyen de
l'allègement des impôts.

Mais est-ce donc que le cri presqu'involontaire du
cœur et de l'esprit, va percer à travers les épaisses mu-
railles du palais de Rivoli ?

La question s'ouvre, sur le choix de l'impôt de répartition ou de quotité, au sein des députés émus, inquiets
de l'état des provinces.

Or voici sur quel ton, en quels termes, il leur est ré-
pondu :

« Vous avez trente-six membres pour l'examen du
budget. Voulez-vous en nommer trente-six autres ?

« Permettez-moi de dire un mot sur les inquiétudes
qui se sont *glissées* et qui sont fort exagérées....

« La contribution personnelle n'était pas payée par un

quart, un tiers, une moitié même de ceux qui pouvaient la payer.

« On a donc pensé qu'une contribution qui n'est que de trois journées de travail, devait être un impôt de quotité....

« Il arrive que beaucoup de gens qui n'avaient pas entendu parler de contribution *de leur vie*, se trouvent avoir reçu un avertissement.

« Cela a fait *une sensation* : mais cette sensation n'est pas aussi considérable qu'on s'est plu à le dire....

« On supporte facilement ses charges, quand on a *la bonne volonté* de se soumettre à la loi....

« Il est arrivé que les rôles n'ont pu être finis que vers la fin de l'année.

« Le contrôleur ne fait que constater les individus susceptibles de payer l'impôt : les répartiteurs seuls peuvent dire : tels et tels sont indigens.

« Il est, dis-je, arrivé que les contrôleurs ont été très pressés, et n'ont pu toujours *consulter* les répartiteurs.

« Les avertissemens ont été *envoyés* parce que les rôles étaient faits....

« Vous savez que les douzièmes échus sont exigibles nonobstant les réclamations, et que les réclamations doivent être écrites sur papier timbré. Et bien, nous avons *dispensé* de tout cela....

« On vous a parlé de l'irritation qu'excite ce nouveau mode.... nous espérons surmonter les obstacles;

« Il ne faudrait pas cependant qu'il partît de cette tribune *un seul mot* qui animât cette disposition à la résistance, en *alléguant* une injustice qui n'existe pas.

« Je ne vous ferai point cet *outrage* : vous devez tous

(39)

protéger, l'exécution des lois et *le revenu public.* » (1)

(*Extrait du Moniteur, 30 novembre.*)

Que de phrases !

Et pas un mot, au sujet de cette accusation consignée le jour même dans le *Journal du Commerce*, lequel a ses entrées sans doute, dans le cabinet ou dans les bureaux.

« La loi avait été calculée pour produire un supplément de 25 millions : M. le baron Louis a trouvé le secret de porter la plus value à 45 millions. »

Apparemment, parce qu'on se dispose à lui intenter une action en calomnie : car le délit allégué constituerait un acte de concussion.

Or en ceci, on lit et le préambule des discours, et le programme des actes.

C'est trop clair ; à la faveur des retards officieux du rapport sur le budget, il est entendu, *in petto*, que chaque impôt sera conservé provisoirement, sinon définitivement consacré.

Vainement le bon sens observe que sous les lois absolues de l'empire, où nulle résistance ne se rencontrait, les taxes étaient très inférieures.

Vainement le calcul expose que dans les temps prospères de la monarchie, où l'aisance était fort supérieure, les taxes ne s'élevaient pas autant.

Il fut un ministre de Louis XVIII qui, au sujet de la

---

(1) « Nous sommes tous d'accord sur ce point, que la loi a produit dans son exécution, un effet *extrêmement* fâcheux. » (*M. Thiers.*)

Quelle variante !

volonté de son maître d'alors, disait : Nous la chan-
gerons.

Il est un ministre de Louis-Philippe, qui, au sujet de
l'esprit actuel de la société, semble dire : Nous le chan-
gerons.

Quoi de plus simple, en effet.

Le peuple est dans la misère ; qu'il subvienne donc ?

L'autorité est sans force ; qu'elle commande donc ?

Les partis s'agitent : qu'on leur prête aide.

La presse calomnie : qu'on lui donne raison.

L'opinion ne présage que désastres ; qu'on aggrave encore les causes, qu'on avance le terme surtout.

Faut-il un mot de plus ?

La personne n'est à ménager devant la chose : un seul
n'est à balancer vis-à-vis de tous.

Eh bien, celui qui, ministre de la restauration pour la
première fois, d'abord abolit les droits sur les cotons, de
manière à faire subir au commerce une perte sèche de
200 millions ; ensuite éleva l'impôt sur les sels de moitié
en sus, de façon à faire revivre dans les têtes, l'odieuse
idée de la gabelle ;

Celui qui, ministre de la révolution pour la seconde
fois, ne travaille qu'à exagérer les taxes, ou sous forme
de lois ou au moyen de circulaires ; et à amonceler les
charges sur les classes, à la fois misérables et formidables !

Si raide, si rude, il amènera des troubles sans terme,
des périls sans remède, des désastres sans mesure.

Et il sera renversé, entraînant dans sa chute, et le cabinet, et la couronne, et la monarchie, et la société peut-
être.

DE L'IMPRIMERIE D'A. PIHAN DELAFOREST,
rue des Noyers, n°37.

www.ingramcontent.com/pod-product-compliance
Ingram Content Group UK Ltd.
Pitfield, Milton Keynes, MK11 3LW, UK
UKHW020054100726
13658UKWH00004B/1754